TRADICIONES MEXICANAS

PARA PRIMARIA

TRADICIONES MEXICANAS

Miguel Ortega G.

 editores mexicanos unidos, s. a.

D.R. © Editores Mexicanos Unidos, S. A.
Luis González Obregón 5-B, Col. Centro,
Cuauhtémoc, 06020, D. F.
Tels. 55 21 88 70 al 74
Fax: 55 12 85 16
editmusa@mail.internet.com.mx
www.editmusa.com.mx

Coordinación editorial: Mariana Cruz Torres
Diseño de portada: Víctor G. Zarco Brito
Ilustraciones de interiores: Gustavo del Valle
Formación: Roberto Doroteo Santiago
Ilustración de portada: Teresa Valenzuela

Miembro de la Cámara Nacional
de la Industria Editorial. Reg. No. 115.

Edición Febrero 2006
ISBN 968-15-1938-8

Impreso en México
Printed in Mexico

PRESENTACIÓN

TRADICIONES MEXICANAS para primaria
es una recopilación de textos refe-
rentes a las fiestas que, por las creencias populares y el gusto de la gente,
se celebran en forma tradicional en
nuestro país desde hace mucho tiempo. En sus páginas se narra el origen,
la función y la vigencia de cada una
de estas celebraciones en nuestro
país; además de contener instruccio-
nes para elaborar un juguete, un
adorno o un rico dulce, como parte
de la riqueza cultural que caracteri-
za la celebración del Día de Reyes,
por ejemplo; la Semana Santa, talvez
la Navidad; o, qué tal el Día de Todos los Santos y la conmemoración
de los fieles difuntos.

Prepárate para este recorrido de
gran riqueza cultural, para que, a través de tu lectura, sigas paso a paso

las tradiciones de nuestro país de una manera divertida y constructiva.

Algo más, durante tu lectura puedes encontrar palabras todavía extrañas para ti; no te preocupes, al final del libro encontrarás un glosario de términos en donde encontrarás su significado.

Te sugerimos también que, cuando no comprendas algunas palabras, consultes tu diccionario.

Miguel Ortega G.

• ASPECTOS GENERALES DE LAS FIESTAS TRADICIONALES •

A diferencia de las fiestas de carácter cívico, como el día de la Independencia o la Revolución Mexicana, las fiestas tradicionales de nuestro país tienen un carácter religioso; por ello, es característico que su celebración sea en los atrios de las iglesias y en las calles de sus alrededores.

Ten en cuenta que una fiesta tradicional es un ritual que puedes disfrutar a través de las procesiones o desfiles religiosos.

Una fiesta tradicional es la oportunidad que tienen las personas para expresar su alegría, ya que cada una de las celebraciones que te presentamos en este libro generalmente se acompaña de grandes y coloridas ferias en donde encuentras vistosas

artesanías que con gusto puedes comprar para jugar o adornar tu casa, así como una rica variedad de comida y dulces típicos.

• SANTOS REYES •

La parte divertida, la que todos esperamos con muchas ganas, es el 6 de enero; colocar nuestro zapato junto a los tres Reyes Magos que están en el "nacimiento" o arbolito de nuestras casas y recibir un bonito regalo es nuestra gran ilusión.

Cuando los monarcas observaron la estrella creyeron que era una señal que anunciaba el nacimiento de un rey para gloria de la humanidad. Debes saber que los monarcas llegaron de Oriente y cada uno de ellos ofreció un regalo al nuevo rey. De ahí, la tradición tan esperada de recibir los regalos.

Después de jugar todo el día con los bonitos juguetes que te dejaron los Reyes Magos, en la tarde llega el momento de compartir la tan tradicional "rosca de Reyes" con nuestros familiares. Pero ten cuidado, porque al momento de partir tu rosca te puede salir un muñeco de plástico que simboliza el nacimiento del niño Dios, del que tendrás que ser padrino y presentarlo en una fiesta que te vamos a describir más adelante.

Con ayuda de un adulto o de tu profesor, prepara los siguientes bocaditos de nuez.

NECESITAS LOS SIGUIENTES INGREDIENTES:

- 2 paquetes de galletas (Marías)

- 1 lata de leche condensada (La lechera)

- Nueces de castilla (las necesarias)

- 1 mortero o molcajete

- Tijeras

- Papel de china de colores

- 1 cuchara de madera

- 1 molde mediano de cualquier material

- 1 charola

MANOS A LA MASA, ¿CÓMO PREPARARLAS?

Primero muele las galletas (Marías) en el mortero o molcajete. Después, muele las nueces hasta hacerlas polvo.

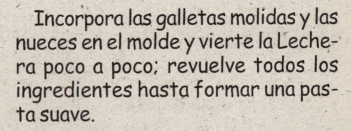

Incorpora las galletas molidas y las nueces en el molde y vierte la Lechera poco a poco; revuelve todos los ingredientes hasta formar una pasta suave.

Forma pequeñas bolitas con la pasta y colócalas en cuadritos de papel de china que antes debiste recortar. Envuélvelos cuidando de cubrirlas muy bien. Puedes hacer pequeños recortes en las orillas del papel simulando envolturas de caramelos. Colócalas con cuidado en la charola. Recuerda lavarte muy bien las manos antes de hacer las bolitas.

Y ahora, ¡a saborearlas y disfrutarlas!

Pero, ¿te has puesto a pensar cómo surgió esta celebración?. Te lo voy a platicar. En realidad es una "epifanía" que, según el significado cristiano, quiere decir "aparición o manifestación del Salvador en el mundo".

La celebración de los Santos Reyes es considerada como una de las fiestas más importantes de la iglesia católica. Tiene que ver con una estrella brillante que se les aparece a tres monarcas de diferentes reinos; sus nombres son: Melchor, Gaspar y Baltazar.

· Día de la Candelaria ·

De acuerdo con el ritual de la iglesia
católica, el 2 de febrero es el día en
que se celebra la presentación del
niño Jesús y la purificación de la Virgen. En este día, desde muy temprano hora, los devotos de la Virgen de
la Candelaria visitan la parroquia con
el propósito de venerar su imagen y

bendecir las velas, que son el símbolo de mayor pureza.

¡Espera!, ¿recuerdas el Día de Reyes?. Entonces te acordarás que compartieron una deliciosa rosca y que a alguno de los que festejaron le tocó un pequeño muñeco de plástico.

Bueno, esa persona queda comprometida con el dueño de la casa donde se hace la merienda para vestir y presentar para su niño Dios en la Iglesia, además de invitar los tamales y el atole.

En esto consiste la celebración tradicional del Día de la Candelaria, en la que el muñeco de plástico representa la aparición del nuevo rey para gloria de la humanidad. Por cierto, no se te olvide guardar tu "nacimiento" para el próximo año.

Es en este día en que se terminan las fiestas que se celebran en Navidad.

Ahora elaboraremos un bonito candelabro para colocar tus velas o candelas.

<u>CANDELABRO</u>

VAS A NECESITAR LOS SIGUIENTES MATERIALES:

✦ Serpentinas de muchos colores

✦ Una brocha delgada

✦ Pegamento blanco

✦ Agua

Cómodamente busca un lugar donde haya suficiente espacio y comienza a trabajar. Verás que divertido y útil es.

Para la base:

Enrolla una serpentina cuidando de apretarla muy bien de adentro hacia afuera; una vez que se termine, pon un poco de pegamento y continua enrollando otra serpentina del color que quieras, así hasta terminar el tamaño de la base que deseas.

Para el brazo que sostiene la vela enrolla una serpentina dejando el espacio del grueso de la vela. Repite este proceso 8 veces y al terminar, pega los 8 aros en el centro de la base.

Para terminar:

Mezcla 3 cucharadas de pegamento con 3 cucharadas de agua y con una brocha delgada barniza tu candelabro.

Una vez que seque, coloca la vela y enciéndela cuando la necesites, cuidado de que no chorree.

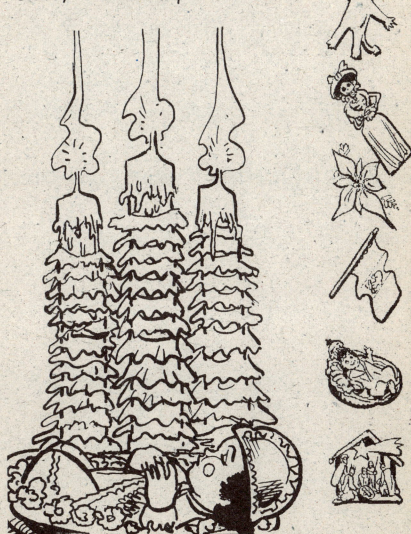

• EL CARNAVAL •

La palabra carnaval significa: "adiós a la carne". Esta fiesta, que es una de las más populares en el país, sirve como preparación para los creyentes que durante la Semana Santa deberán dedicarlo a la reflexión y espiritualidad y donde muchas personas dejan de comer carne.

Generalmente, se celebra el carnaval durante el mes de febrero, tres días antes del Miércoles de Ceniza.

El carnaval es una fiesta donde la gente disfruta y desborda su alegría bailando con la música de bandas y de grupos populares.

En la fiesta de carnaval la gente suele disfrazarse y organizar desfiles llenos de color por las principales calles del lugar en los que se muestra una rica variedad de carros alegóricos. Los combates de flores y cascarones con confeti le dan un toque de alegría.

MÁSCARAS DE CARNAVAL

Reúne a tus amigos y organiza un pequeño carnaval. Lo primero que tienes que hacer es una máscara para el desfile. Elabórala lo más colorida que imagines.

NECESITAS:

- ◆ 1 globo mediano

- ◆ Engrudo

- ◆ Papel periódico

- ◆ Pintura de diferentes colores

- ◆ 1/2 metro de resorte (el más delgado que encuentres)

- ◆ Plumas de ave, diamantina, lentejuela y lo que se te ocurra para decorar tu máscara.

¿Cómo hacerla?

Infla el globo y fórralo con 4 capas de engrudo y periódico, asegurándote de que el periódico quede bien pegado.

Cuando se seque corta el globo por la mitad, y haz los orificios de los ojos, nariz y boca, dándoles la forma que quieras.

Adórnala con el material de tu elección, tratando de darle mucho color a tu máscara.

Ahora viene la elaboración de tus proyectiles para el divertido combate de cascarones con confeti. Sólo recuerda: se trata de que jugando representes la purificación de tu interior realizando actos de desorden; pero eso sí, sin lastimar a la gente que te rodea, esa es la verdadera intención de un alegre carnaval.

HUEVOS CON CONFETI

Junta todos los cascarones que pue-
das y hazles un pequeño orificio en
la parte de arriba; lávalos bien y pon-
los a secar.

Llénalos de confeti y pégales un
pedazito de papel de china para ta-
par el orificio.

Y... ¡a divertirse!

• SEMANA SANTA •

Al igual que la celebración del carnaval, la Semana Santa es una fiesta que se celebra entre los meses de
marzo y abril.

Su celebración es tan tradicional
en nuestro país que en todas las iglesias católicas se realizan los rituales

propios de esta importante fiesta religiosa.

El ciclo de celebración dura 46 días: inicia el Miércoles de Ceniza, inmediatamente después del último martes de carnaval, y termina el domingo de Resurrección.

Además de las actividades propias de la **liturgia** católica, se realizan ferias y venta de artesanías, como la matraca o el "Judas", que es un muñeco elaborado bajo la técnica de cartonería tradicional mexicana. Los judas representan el mal y la traición a Jesucristo.

La ceremonia de la Semana Santa o Semana Mayor, como también se le conoce, tiene un origen religioso y simboliza la muerte y resurrección de cristo.

Como ya dijimos, la celebración de la Semana Santa cumple un ciclo donde se realizan varias procesiones, destacando entre ellas, como la más importante, el Viernes Santo, que simboliza la procesión del Vía Crucis.

También el Domingo de Ramos, el Miércoles Santo, el Sábado de Gloria y el Domingo de Resurrección se llevan a cabo otras procesiones adonde asiste mucha gente.

El Domingo de Ramos los creyentes acuden a la iglesia para presenciar la bendición de la palma y la cera. Este acto recuerda la entrada triunfal de Jesús en la ciudad de Jerusalén, donde fue recibido por una multitud que agitaba palmas y olivos en señal de bienvenida.

En este domingo tan especial para los creyentes, los atrios de las iglesias y las calles de sus alrededores se llenan de vendedores, pero también de mucho colorido y gratos olores.

La venta de palmas tejidas por ágiles manos de artesanos mexicanos y la vendimia de antojitos hacen que este día sea una gran fiesta, donde la convivencia y alegría familiar se viven al ritmo de la música que se deja escuchar por todos lados.

El Miércoles Santo representa el inicio de la pasión y martirio de

Jesús. Durante este día, el sagrario está adornado por una gran cantidad de flores y la iluminación de 13 cirios en forma de triángulo; sin embargo, durante este día de fiesta generalmente se siente un ambiente de tristeza y melancolía, pues anuncia ya la muerte de Jesús.

¡Es viernes ya!, es día de tristeza, sí, pero también de singular alegría, porque según la tradición, la reunión de los feligreses cede en el momento de hacer sonar una maraca hecha en forma artesanal. El instante escénico más importante de la pasión es la crucifixión de Cristo, representada a través de 14 estaciones, que son las etapas del "camino de la cruz".

Durante el Sábado de Gloria se celebra la "misa de gloria" para conmemorar y recordar la pasión de Jesús. Los fariseos, aquellos que condenaron a morir a Cristro, dieron vida a la creencia de que el mal puede ser controlado y vencido año con año por medio de la "quema" o muerte del "Judas", personaje que representa al traidor de Jesucristo.

Esta tradición es muy importante, porque a través del "Judas" se expresan los disgustos e inconformidades de las personas sobre alguna personalidad de la vida pública y/o política, por lo que esta figura juega un papel de denuncia social durante ese día.

Al final de la tradicional celebración de la Semana Santa o Semana

Mayor, la iglesia conmemora el milagro de la resurrección. Ahora ya sabes de qué se trata esta fiesta, por lo que antes de que se acerque la fecha puedes construir tu propio "Judas". Invita a quien tu quieras

para que entre todos realicen diferentes diseños y cada quien repre-
sente al personaje que les disgusta o
quisieran cambiar.

JUDAS

LOS MATERIALES PARA EL "JUDAS" SON:

+ Un globo

+ Engrudo

+ Papel periódico

+ Pinturas de diferentes colores

+ Lija del doble cero

+ Pinceles

+ Barniz a base agua

¿Cómo hacerlo?

Toma como base para la cabeza el globo, fórralo varias veces con el periódico y realiza los detalles como la nariz, orejas y cuernos a partir de bolitas de periódico mojadas con engrudo.

Para hacer el cuerpo busca algún recipiente que te sirva como base o bien con periódico seco:

da la forma que necesites, fórralo varias veces; quita el periódico o el recipiente cuando esté seco.

Arma de la misma manera que la cabeza y el cuerpo, los brazos, manos, piernas, pies, cola, en fin, lo que haga falta.

Cuando tengas todas las partes del "Judas" únelas forrando de manera uniforme, dándole dos o tres capas más.

Lija y pinta, primero de blanco; una vez seco ponle los colores que quieras y barnízalo.

• SANTA CRUZ •

La festividad de la Santa Cruz se realiza el 3 de mayo en todas las iglesias del país y significa el descubrimiento de la "Cruz" en Jerusalén.

Aunque este día es celebrado principalmente por los obreros de la construcción, también llamados albañiles, es importante que conozcas

su origen, lo que significa y cómo se festeja esta tradicional fiesta.

Para la festividad de la Santa Cruz, es toda una tradición la elaboración de altares con la forma de la Cruz. En estos altares no pueden faltar los adornos elaborados con papel picado y flores de muchos colores. La comida que invita el dueño a quien se le está construyendo la casa o edificio también es parte importante del festejo.

El menú es muy variado: puede servirse desde la tradicional y típica barbacoa o carnitas hasta una taquiza donde se pueden saborear los frijolitos, el arroz, el chicharrón guisado en salsa verde, los nopalitos y el guacamole.

Para alegrar la comida y darle un toque mágico a la convivencia no puede faltar la música en vivo, porque después de la digestión un buen baile no cae nada mal.

¿A poco no te gustaría participar en una fiesta de este tipo? Cierto es que la convivencia en esta celebración es poco familiar, ya se que realiza entre compañeros de trabajo, generalmente, pero esto puede cambiar en la siguiente celebración de la Santa Cruz. Puedes participar elaborando papel picado para adornar los altares de tu comunidad o colonia donde se coloca el símbolo de la Cruz.

PAPEL PICADO

NECESITAS LOS SIGUIENTES MATERIALES:

♦ Papel china de diferentes colores

♦ Tijeras

¿CÓMO HACERLO?

Recorta un cuadrado de tu papel dóblalo a la mitad y de nuevo a la mitad, puedes experimentar los dobleces que se te ocurran.

Traza pequeñas figuras en el borde de los dobleces y recórtalas.

Y después monta tu altar.

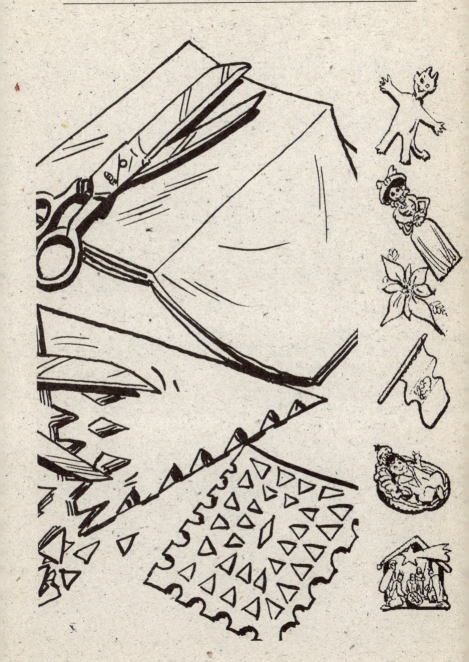

· Todos los Santos y Fieles Difuntos ·

Día de Muertos

A la festividad del Día de Todos los Santos y Los Fieles Difuntos se les llama así porque parten de una tradición y ciertas creencias prehispánicas

en las que se veneraba a "Mictlan-tecutlii" que significa Señor del lugar de los muertos, y que luego se adaptó según las costumbres católicas que llegaron a nuestro país a través de los conquistadores españoles.

Entre los habitantes de México esta fiesta, tan llena de color, recuerdos y alegrías, se conoce como "Día de Muertos". Su significado en la actualidad se vive bajo las dos tradiciones: la prehispánica, que tiene que ver con el respeto y culto a los muertos, y la católica, que mantiene la creencia de la inmortalidad del alma, en otras palabras, que después de la muerte hay otra vida.

El Día de Muertos se celebra en noviembre: el día 1 para los niños (hiccáilhitl); el 2 para los adultos (huey-miccáilhitl) y el 3 para todos los santos. Durante esos días las personas acostumbran ir a los cementerios con el propósito de visitar y adornar las

tumbas donde descansan sus familiares fallecidos.

Es todo un espectáculo ver los cementerios llenos de flores de
cempasúchil, nube y gladiolas. La flor
de cempasúchil simboliza el camino
por donde ha de regresar el alma de
los difuntos; es por eso que se utili-
za en esta celebración tan especial
para los mexicanos.

Parte importante en esta celebración son los altares donde se colocan las ofrendas para las ánimas de los difuntos. En estas ofrendas se conjugan, tal como lo hacía la tradición prehispánica, los cuatro elementos naturales: tierra, viento, agua y fuego.

Pero, ¿qué significa cada uno de estos elementos en la ofrenda?:

La tierra: está representada por el cempasúchil, junto con el fuego que se representa con velas, indican el camino.

El viento: se representa con el movimiento del papel picado.

El agua: para satisfacer la sed de las ánimas durante el camino hacia el más allá.

También, junto con estos elementos, encontramos otros, como:

La sal: es para que el alma no se corrompa al venir de su otra vida; y el copal o incienso, limpian el ambiente por dónde ésta viaja.

Las calaveras de azúcar o amaranto simbolizan la presencia de la muerte y tradicionalmente se depositan en la ofrenda, una por difunto, con el nombre impreso en la frente.

Los alimentos y bebidas se ofrecen para el regocijo de los difuntos. Se acostumbran poner los platillos o comida preferidos que en vida disfrutó la persona los preferidos de cada uno de ellos con la idea de que, al regresar del más allá, consuman la esencia de las ofrendas.

Las calaveras literarias tienen su origen con los **epitafios** de Jorge Manrique (1440-1479) y hoy son parte importante de esta tradición.

Las calaveras son rimas escritas en forma chusca y divertida, de estilo satírico y crítico.

En ellas se escribe la personalidad, las costumbres o defectos que tienen los amigos, compañeros, políticos, maestros o aquellos asuntos que son del interés general o están de moda.

CALAVERA

Por la
Editorial
andaba la
Muerte,
Cuando se encontró
con unos niños,
pero no tuvo
buena Suerte, pues
leían Editores
Mexicanos Unidos.

CALAVERA DE AMARANTO

Colabora con la ofrenda de tus familiares preparando una rica calaverita de amaranto:

CONSIGUE LOS SIGUIENTES INGREDIENTES:

✦ 1 Paquete de amaranto

✦ Miel de abeja

✦ Un puño de cacahuates sin cáscara

✦ Un puño de pasitas

Tiras de papel metálico que midan 5 cm de ancho X 3 cm de largo.

¡MANOS A LA MASA!

Ahora haz tu calavera.

Lávate bien las manos antes de empezar.

Mezcla el amaranto con un poco de miel hasta lograr una masa consistente.

Forma una bola con un poco de masa, intégrala muy bien y luego dale forma a tu calavera utilizando los dedos. Sume la parte de los ojos y forma las mejillas.

En los huecos de los ojos coloca una pasita, una en cada uno.

Para hacer la nariz corta una pasita en forma de cuadrado, dobla por la mitad formando dos triángulos y colócala en su lugar.

Para los dientes coloca una tira de cacahuates colocándolos con cuidado, uno por uno.

Para terminar escribe el nombre de la persona sobre el papel metálico a quien se la quieras dedicar y pégaselo en la frente.

• Posadas •

Este ritual forma parte de la celebración de Navidad y simboliza el peregrinar de José y María hacia Belén y el nacimiento de Jesucristo. Esta tradición también tiene un origen prehispánico, pero a la llegada de los españoles se mazclaron las costumbres europeas y americanas que dieron como resultado las actuales fiestas navideñas.

En la cultura mexica o azteca en estas fechas se realizaba una fiesta tradicional donde se rendía culto a una de las grandes deidades mexicas, Huitzilopochtli, que en la lengua náhuatl quiere decir "colibrí de la izquierda", dios de la guerra.

En la tradición católica, estas fiestas tuvieron su origen en las misas de los aguinaldos que los agustinos celebraban en el interior de sus conventos en tiempos de la Colonia, de ahí se extendió a todas las haciendas y rancherías que contaban con un oratorio. A principios del siglo XIX se conformaron de la manera en que se les conoce hasta la fecha.

La celebración de las tradicionales posadas se realizaba del 16 al 24 de diciembre, ciclo que dura nueve días, por lo que se le conoce como "novenario", y es una muestra de costumbres, riqueza cultural y gastronómica de nuestro país.

Con la última posada, se celebra también la Noche Buena, día en que nace el niño Jesús. Es una celebración llena de color, luces, cánticos y bailes, ya que anuncia la llegada de un nuevo rey.

Actualmente, las posadas son una combinación de fiesta religiosa y pagana (quiere decir que no tiene que ver con la religión), por lo que estas fiestas se acompañan de baile, música, piñatas, colaciones, pero también de rezos.

Después de los acostumbrados rezos, una parte del grupo participante en la posada, sale de la casa o lugar donde se realiza, parte de las personas salen en procesión con velos, luces de bengala y faroles. Llevan cargando las imágenes de María y José y de ser posible una mulita.

Al momento de pedir posada se canta y los fieles que están adentro se la niegan; por fin los peregrinos reciben posada, se abre la puerta y se les permite el paso.

Es hora de romper la piñata; los niños y adultos con los ojos vendados y un palo tratan de pegarle a la olla que sube y baja hasta que alguno logre romperla, entonces todos se lanzan al piso para tomar cuantas golosinas y frutas de temporada puedan.

Ya para terminar se sirve el tradicional ponche preparado a base de frutas, así como el bacalao, los romeritos y la pierna de cerdo por mencionar sólo algunos de los tan variados platillos que, para celebrar estas fiestas pueden compartirse a los invitados.

P<u>iñata</u>

Ahora elabora tu propia piñata.

NECESITAS:

De ser posible una de barro, sino:

+ Un globo

+ Papel periódico

+ Engrudo

+ Papel de china de varios colores

+ Tijeras

¿Cómo hacerla?

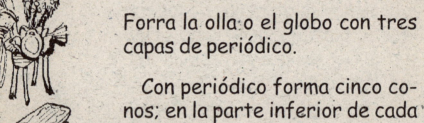

Forra la olla o el globo con tres capas de periódico.

Con periódico forma cinco conos; en la parte inferior de cada uno de ellos corta pestañas.

Une los conos al globo o a la olla y forra una vez más tu piñata.

Decórala con el papel de china.

• LAS PASTORELAS •

Al mismo tiempo que celebramos las posadas con nuestros amigos y vecinos, también en muchos lugares se acostumbra representar pastorelas, y si no sabes lo que son, ahorita mismo te lo explico.

Las pastorelas son obras de teatro que narran las cosas que pasaron

antes y a la hora del nacimiento del niño Dios en el pueblo de Belén; como estas representaciones eran para que la gente entendiera el significado de la Navidad, los protagonistas son: algunos pastores, los arcángeles Miguel y Gabriel, el Diablo, la Virgen María, San José, los Reyes Magos y por supuesto el niño Dios.

Hay algunas diferencias, pues no todas las pastorelas son iguales; la mayoría tratan de que los pastores quieren ir a ver al niño, pero el Diablo intenta desviarlos del camino, los ángeles les ayudan y al final el bien vence al mal y ellos llegan a adorar al bebé que acaba de nacer.

En general, son muy divertidas, pues los personajes, cuando hablan, hacen que rimen las palabras y dicen cosas chistosas y divertidas.

• CENA DE NAVIDAD •

Seguramente en tu casa desde muy temprano el 24 de diciembre tu mamá se mete a la cocina y durante todo el día se la pasa preparando comida deliciosa para la cena... ¡La cena de Navidad!

Por la noche, en tu propia casa o en casa de tus abuelos o de algún otro

familiar, se reúne toda tu familia para celebrar el nacimiento del niño Jesús. En México celebramos la Navidad de manera muy particular. Veamos:

Lo principal es la preparación de la cena; regularmente las mamás y las abuelitas se lucen ese día preparando las recetas tradicionales de la fecha, como son el bacalao y los romeritos; hay quienes hornean pavos o piernas de cerdo y todavía en algunos lugares se preparan buñuelos y una ensalada que se hace con el jugo de betabeles cocidos y mucha fruta de la estación rebanada en rodajas.

Algunas familias acostumbran poner el árbol de Navidad; aunque no es una tradición mexicana, se ha introducido en nuestras costumbres.

Regularmente, las mesas lucen espectaculares y como a eso de las diez de la noche da inicio la cena, después de haber bendecido los alimentos.

Cuando todos terminaron de cenar, regularmente esperan a que den las 12 de la noche para arrullar al niño Jesús que acaba de nacer... sí, en las casas que se pone el nacimiento, dos personas (las madrinas) colocan la figurita del niñito en un paño blanco y comienzan a mecerlo mientras toda la familia reunida alrededor de ellas

comienzan a cantar canciones de arrullo; sí, de esas que le cantan las mamás a sus bebés recién nacidos. Cuando terminan de arrullar al niño, con mucho cuidado colocan la figurita en el pesebre del nacimiento y las personas que fueron las madrinas tienen que comprarle su vestidito para que el día 2 de febrero lo lleven a presentar a la iglesia.

Después de haber dejado al niño en el nacimiento, los más pequeños de la familia se van a acostar con mucha emoción, pues saben que quizá al día siguiente el niño Dios, les traerá algún juguete por haberse portado bien durante todo el año.

Glosario

Ánima: Alma humana.

Atrio: Patio interior de los templos religiosos.

Candela: Vela.

Cirio: Vela de cera larga y gruesa.

Epifanía: Fiesta de la adoración de los magos.

Epitafio: Inscripción que se pone en un sepulcro.

Eucarístico: Sacramento de Jesucristo.

Fariseo: Miembro de un grupo religioso.

Feligreses: Miembro de una parroquia.

Liturgia: Partes que deben seguirse para celebrar la misa.

Oratorio: Capilla particular.

Procesión: Desfile lento y solemne de carácter religioso.

Ritual: Culto religioso.

Sagrario: Lugar del templo donde se guardan los objetos sagrados. Venerar; adorar a Dios o a los Santos.

ÍNDICE :

Juegos y pasatiempos

Adivina, adivinador. Susana Vallejo.

Adivinanzas para niños. Blanca Olivas.

Aprende a leer y escribir con Aladino. Eliana Pérez y Dulce María Suárez.

Cancionero para niños. Alejandro Torres.

Carcajadas para niños. Isabel Iturbide.

La Cenicienta, y otros cuentos clásicos para niños.

Cuentos clásicos para niños (Peter Pan, Robin Hood, Pulgarcito; El traje nuevo del Emperador).

Cuentos clásicos para niños (Cenicienta, El soldadito de plomo, La Bella Durmiente, Blancanieves y los siete enanitos y otros más).

Chistes, magia y juegos. Blanca Olivas (novedad).

Divertidas adivinanzas para niños. Marcela Ibáñez.

Divertidas fábulas para niños. Selección de Blanca Olivas.

Divertidos chistes para niños. José Sánchez.

Experimentos científicos divertidos. Marcela Enríquez.

Fábulas para preescolar.

Juega y aprende. Blanca Olivas (novedad).

Juegos para primaria. Marisela Rodríguez.

Juegos y manualidades. Tere Valenzuela.

Juegos y manualidades para niños de 6 a 9 años. Ana Vélez.

Juegos y pasatiempos para primaria. Liliana Marín.

Jugar y reciclar (manualidades). Tere Valenzuela.

Manualidades y juegos con papel. Tere Valenzuela.

La mejor colección de fábulas. José Tor.

Reciclando y jugando. Tere Valenzuela.

Todo para entretenerte. Liliana Marín.

Trucos, magia, chistes y juegos. Blanca Olivas.

ESTA OBRA SE TERMINÓ DE IMPRIMIR EN EL MES DE ABRIL
DEL 2006 EN **GRAFIMEX IMPRESORES S.A. DE C.V.,**
BUENAVISTA 98-D COL. SANTA ÚRSULA COAPA
C.P. 04650 MÉXICO, D.F. TEL.: 3004-4444